Kecke Kantenhocker

Arbeiten Sie auch so gerne mit Holz? Dann finden Sie hier genau das Richtige: freche Vierbeiner und gefiederte Freunde, die es sich an der Kante von Möbeln und Simsen gemütlich gemacht haben.

Die kecken Kantenhocker werden aus Fichten- und Sperrholz ausgesägt, geschliffen, bemalt und für den beliebten „used-Look" nach Lust und Laune nochmals mit Schle[...] beitet. Füße, Hufe, Tatzen oder Pfoten werden [...] mit Draht angebracht, so dass die Tierchen frö[...] Beinen baumeln.

Gans und Strauß, Frosch und Krokodil, Katze u[...] pferd und Elefant, mit diesem Buch können Sie endlich alle Tiere problemlos als Haustier halten!

Viel Spaß beim Sägen und Gestalten wünscht Ihnen Ihr

Die Motive lassen sich in folgende Schwierigkeitsgrade unterteilen:

○ ○ ○ einfach ○ ○ ○ etwas schwieriger ○ ○ ○ anspruchsvoll

MATERIAL

- Fichtenleimholzplatte, 18 mm dick
- Sperrholz, 7 mm, 5 mm, 3 mm dick
- Deko-Kordel in verschiedenen Farben, ø 2 mm
- Lederriemen, ø 3 mm
- Baumwollkordel, ø 3 mm
- Papierkordel mit Drahteinlage
- Paketschnur
- Blumendraht, ø 0,35 mm, ø 0,65 mm
- Bastelfarben
- feiner und sehr feiner Filzstift oder Tuschefüller in Schwarz

Hinweis: Fichtenleimholzplatten werden in vielen Abmessungen für Regal- und Möbelbau in Baumärkten angeboten.

HILFSMITTEL

Folgende Werkzeuge und Hilfsmittel gehören zu Ihrer Grundausstattung. Sie werden in den Materiallisten nicht gesondert aufgeführt.

- Dekupiersäge, evtl. Laubsäge (nur für Sperrholz)
- Holzfeile, 150er und 240er Schleifpapier
- Bleistift, Bleistiftspitzer
- Holzleim, schnell trocknender Leim, z. B. UHU, Klebstoff
- Transparentpapier oder Butterbrotpapier, Karton (für Schablonen)
- Schere, Seitenschneider
- feiner Haarpinsel Nr. 2, breiter Haarpinsel Nr. 6
- Rundholzstäbchen, ø 3 mm (Augen und Punkte auftupfen)
- Bohrer, ø 1 mm bis ø 4 mm
- Lochzange

Schritt für Schritt

1. Kartonschablonen anfertigen und Motive übertragen

Alle Motivteile nebeneinander und ohne Überschneidungen mit Bleistift auf Transparentpapier oder Butterbrotpapier abpausen. Die Bohrlöcher nicht vergessen. Das Transparentpapier auf einen Kartonrest kleben und die Motivteile ausschneiden. Die Bohrlöcher werden mit der Lochzange ausgestanzt. Damit sind die Schablonen fertig. Diese auf die Holzplatte bzw. das Sperrholz legen und die Umrisse sowie die Bohrlöcher mit Bleistift übertragen.

2. Aussägen und bohren

Für alle Sägearbeiten am besten die elektrische Dekupiersäge verwenden, denn für die 18 mm starken Holzplatten ist die Laubsäge nicht geeignet. Nach dem Sägen die Ränder mit der Holzfeile leicht abrunden, evtl. korrigieren und mit dem groben und feinen Schleifpapier glätten. Danach die Bohrungen anbringen.

Hinweis: Die Strichpunktlinien auf dem Vorlagenbogen bezeichnen seitliche Bohrungen.

3. Anmalen

Die ausgesägten Motivteile, ebenso ggf. die Rohholzperlen, mit dem breiten Haarpinsel bemalen, für die feinen Malarbeiten den feinen Pinsel nehmen. Die Gesichter stets mit einem spitzen Bleistift schwach vorzeichnen. Die Linien anschließend mit dem sehr feinen schwarzen Filzstift oder Tuschefüller nachziehen. Punkte und Augen mit einem Holzstäbchen auftupfen.

Tipp: Ein zu dickes Stäbchen können Sie mit einem Bleistiftspitzer auf den gewünschten Durchmesser spitzen.

4. Zusammenleimen

Anschließend die Schnauzen, Ohren, Schnäbel etc. anleimen. Sehr nützlich ist schnell trocknender Leim, der schon nach wenigen Minuten trocken ist.

5. Vorder- und Hinterbeine anbringen

Die Kordeln, Riemen, etc. von vorne durch eine Vorder- oder Hinterbeinbohrung nach hinten und durch die andere Bohrung wieder nach vorne führen bzw. durch die eine Bohrung ziehen. Dann Holzperlen und Pfoten, Hufe etc. auffädeln und anknoten. Die Kordellänge für Vorder- und Hinterbeine ist so berechnet, dass an den Enden nach dem abschließenden Knoten noch ca. 2 cm überstehen, die auf 0,5 cm gekürzt werden.

Tipp: Kordeln lassen sich leichter durch die Bohrungen stecken, wenn Sie auf die Enden etwas Klebstoff auftragen und das Kordelende mit den Fingern zusammendrehen.

6. Nachschleifen

Abschließend an den meisten Motiven die Kanten mit dem 150er Schleifpapier nachschleifen, bis das Holz an manchen Stellen durchschimmert.

Hinweis: Das Material bei den Motiven bezieht sich immer auf eine Figur.

Lino und Lina, die Schmetterlinge

→ immer gut gelaunt

MOTIVGRÖSSE
ca. 18 cm und 20 cm

MATERIAL
- Fichtenleimholzplatte, 18 mm dick
- Sperrholz, 3 mm dick (Flügel, Blüte)
- 4 Rohholzperlen oder 4 Holzperlen in Violett, ø 12 mm
- 2 Holzperlen in Gelb oder Violett, ø 6 mm
- Bastelfarbe in Weiß, Hellviolett und Violett oder Weiß und Gelb
- Deko-Kordel in Gelb oder Violett, ø 2 mm, 20 cm, 30 cm lang
- Blumendraht, ø 0,35 mm, 4 x 6 cm lang (Haare)
- Blumendraht, ø 0,65 mm, 2 x 9 cm (Fühler), 20 cm bzw. 15 cm lang (Halsband)
- Bohrer, ø 1 mm (Kopf, Blüte), ø 2,5 mm

VORLAGEN-BOGEN 1A

1 Die Schmetterlinge gemäß der allgemeinen Anleitung auf Seite 3 arbeiten.

2 Den Rumpf in Schulterhöhe waagrecht durchbohren. Am Kopf mit dem feinen Bohrer von oben drei senkrechte Löcher für Haare und Fühler bohren.

3 Die Nähte mit Filzstift aufzeichnen.

4 Die vier kurzen Drahtstücke jeweils um einen Zahnstocher wickeln, abstreifen, etwas dehnen und als Haare in das mittlere Loch stecken. An den Enden der Fühlerdrähte jeweils eine kleine Holzperle andrahten, dann die Fühler in die beiden Kopfbohrungen stecken.

5 Die Blume andrahten, den Draht ggf. um ein Rundholzstäbchen zur Spirale winden und dem Schmetterling umlegen.

Paula und Paul, die Schweine

→ saumäßig süß

MOTIV-GRÖSSE
ca. 13 cm und 17 cm

MATERIAL
- Fichtenleimholzplatte, 18 mm dick
- Sperrholz, 3 mm dick (Rüssel, Füße)
- 4 Rohholzperlen, ø 10 mm oder ø 12 mm
- Bastelfarbe in Rosa, Rot und Weiß
- Deko-Kordel in Rosa, ø 2 mm, 24 cm und 28 cm lang (Paul) oder 22 cm und 25 cm lang (Paula)
- Bohrer, ø 2,5 mm

VORLAGENBOGEN 1A

1 Die Schweine nach den Arbeitsschritten auf Seite 3 arbeiten.

Paula und Paul, die Schweine

Beschreibung auf Seite 5.

Moritz, der Strauß

→ nicht nur für Verliebte

MOTIVGRÖSSE
ca. 25 cm

MATERIAL

- Fichtenleimholzplatte, 18 mm dick (Rumpfmittelteil)
- Sperrholz, 5 mm dick (Rumpfvorderteil, Rumpfhinterteil)
- Sperrholz, 3 mm dick (Schnabel, Füße, Herz)
- Bastelfarbe in Schwarz, Weiß, Rosa, Rot und Gelb
- Deko-Kordel in Rosa, ø 2 mm, 23 cm lang
- Blumendraht, ø 0,65 mm, 10 cm lang (Herzkette)
- Blumendraht, ø 0,35 mm, 4 x 2,5 cm lang (Haare)
- Bohrer, ø 1 mm (Haare, Herz), ø 2,5 mm (Beine, Füße)

VORLAGENBOGEN 1A

1 Den Strauß nach der allgemeinen Anleitung auf Seite 3 arbeiten.

2 Das Rumpfvorderteil rosa und schwarz, das Mittelteil schwarz und das Hinterteil weiß anmalen.

3 Die Kordel durch die Beinlöcher ziehen und die Füße jeweils mit einem Knoten festhalten.

4 Auf das Rumpfmittelteil das Vorder- und das Hinterteil aufleimen. Den Schnabel aufleimen und die Haare einstecken. Das Herz umhängen.

Molly, die Maus

→ oder Leseratte?

MOTIV-GRÖSSE
ca. 14 cm (ohne Schwanz)

MATERIAL

- Fichtenleimholzplatte, 18 mm dick
- Sperrholz, 3 mm dick (Ohren)
- je 4 Rohholzperlen, ø 10 mm, ø 15 mm
- Bastelfarbe in Ocker, Weiß und Schwarz
- Blumendraht, ø 0,65 mm, 3 x 6 cm lang (Barthaare)
- Lederriemen, ø 2 mm, 2 x 22 cm, 20 cm lang
- Bohrer, ø 1 mm, ø 2 mm

VORLAGENBOGEN 1A

1 Die Maus gemäß der Anleitung auf Seite 3 arbeiten.

2 Für die Barthaare die Mäuseschnauze dreimal mit dem feinen Bohrer durchbohren.

3 Auf die Enden der Beinriemen jeweils eine kleine Holzperle stecken, die Riemenenden 1 cm weit umknicken, etwas Klebstoff auftragen und eine große Perle aufstecken. Den Schwanz einkleben.

Selma und Lina, das Kuhduo

→ nicht nur auf dem Frühstückstisch schön

1 Die Kühe gemäß der Arbeitsschritte auf Seite 3 arbeiten.

2 Die Bohrung für den Schwanz auf der Rückseite ist ca. 1 cm tief. Für die Befestigung des Euters mit dem feinen Bohrer in einem Winkel von 45° schräg nach unten bohren, d.h., der Bohrer tritt an der Unterseite ca. 0,5 cm vom Rand entfernt wieder aus.

3 Damit der Kopf nicht platt auf dem Körper aufliegt, den Hals bis zur gestrichelten Linie mit der Feile etwas abschrägen.

4 Ein Drahtstück zur Hälfte durch eine Euterbohrung stecken, das vordere Drahtende von vorne durch die Bauchbohrung stecken und mit dem anderen Drahtende verdrehen. Ebenso den zweiten Draht anbringen. Nicht zu fest ziehen, damit das Euter noch beweglich bleibt.

5 Ggf. die Tonkartonzunge von unten an den Kopf kleben und den Kopf anleimen.

6 Den Schwanz in die Bohrung einkleben, 2 cm vom Ende entfernt einen Knoten machen und das Ende zu einer Quaste ausfransen.

MOTIVGRÖSSE
ca. 17 cm

MATERIAL

- Fichtenleimholzplatte, 18 mm dick
- Sperrholz, 3 mm dick (Kopf, Euter, Hufe)
- 4 Rohholzperlen, ø 10 mm
- Bastelfarbe in Weiß, Rosa, Schwarz und Hellgelb
- Baumwollkordel in Weiß, ø 3 mm, 25 cm, 30 cm, 12 cm lang (Schwanz)
- Blumendraht, ø 0,35 mm, 2 x 10 cm lang (Euter)
- ggf. Paketschnur, ø 2 mm, 20 cm lang (Glöckchen)
- ggf. Metallglöckchen, ø 15 mm
- ggf. Tonkarton in Rot (Zunge)
- Bohrer, ø 1 mm (Euter), ø 3 mm (Beine, Schwanz)

VORLAGEN-BOGEN 1B

Der Zauberer v
Leselöw
Baumann
Möllhausen · Die Gefangene
IM DRACHENWALD
GESCHENKT

Krokoquartett

Beschreibung auf Seite 12.

Krokoquartett

→ lustige Turner

MOTIVGRÖSSE
ca. 13 cm, 2 x 16 cm, 20 cm

MATERIAL
- Fichtenleimholzplatte, 18 mm dick
- Sperrholz, 3 mm dick (Füße, Luftballons)
- Jutekordel in Grün, ø 2,5 mm, 2 x 25 cm lang
- ggf. Blumendraht, ø 0,65 mm, 12 cm und 25 cm lang (Luftballonschnüre)
- Bastelfarbe in Grün, Hellgelb und Weiß sowie ggf. Rot und Blau (Ballons)
- Bohrer, ø 3 mm

VORLAGENBOGEN 2A

1 Die Krokodile gemäß der Arbeitsschritte auf Seite 3 arbeiten.

2 Die Luftballone folgendermaßen befestigen: An die Enden des langen Drahtes jeweils einen Luftballon andrahten. Dann den Draht einmal um den Krokoschwanz schlingen und miteinander verdrehen. Den kurzen Draht mit dem dritten Luftballon befestigen.

Froschduo Felix und Ferdi

→ frech und frisch

1 Die Frösche nach der Anleitung auf Seite 3 arbeiten.

2 Den Rumpf und den Kopf zuerst komplett grün bemalen, dann die Brust-Bauchfläche weiß übermalen und das Gesicht aufmalen.

3 Auf die Kordelenden die Hände und Füße aufstecken und die Kordelenden zweimal um die Arme und Beine schlingen.

MOTIVGRÖSSE
ca. 23 cm

MATERIAL
- Fichtenleimholzplatte, 18 mm dick
- Sperrholz, 3 mm dick (Hände, Füße)
- Bastelfarbe in Hellgrün und Weiß
- Papierkordel mit Drahteinlage in Hellgrün, ø 2 mm, 20 cm, 32 cm lang
- Bohrer, ø 2 mm

VORLAGENBOGEN 1B

Willi und Wilma, das Elefantenpaar

→ vorwitzig

MOTIVGRÖSSE
ca. 12 cm und 16 cm

MATERIAL
- Fichtenleimholzplatte, 18 mm dick
- Sperrholz, 3 mm dick (Ohren)
- je 4 Rohholzperlen, ø 12 mm, ø 15 mm
- Bastelfarbe in Hellblau, Arktisblau und Weiß
- Jutekordel in Blau, ø 2,5 mm, 2 x 24 cm, 9 cm lang
- Bohrer, ø 3 mm

VORLAGENBOGEN 1A

1 Die Elefanten gemäß der Arbeitsschritte auf Seite 3 arbeiten.

2 Die Bohrung für den Schwanz ist etwa 2 cm tief. Das Schwanzende mit einem Knoten versehen, dann den Schwanz in die Bohrung kleben.

Nilpferd Nobbi

→ mit gepunkteter Badehose

MOTIVGRÖSSE
ca. 13 cm

MATERIAL
- Fichtenleimholzplatte, 18 mm dick
- Sperrholz, 3 mm dick (Schnauze, Füße)
- Bastelfarbe in Hellblau, Blau und Weiß
- Papierkordel mit Drahteinlage in Blau, ø 2 mm, 20 cm, 22 cm lang
- Bohrer, ø 2 mm

VORLAGENBOGEN 1B

1 Das Nilpferd gemäß der Anleitung auf Seite 3 arbeiten.

2 Mit einem Holzstäbchen blaue Punkte auf die Badehose tupfen. Den oberen Saum der Hose mit einer gestrichelten Filzstiftlinie begrenzen.

3 Die beiden Beinkordeln von hinten durch die Beinbohrungen stecken, auf die Enden jeweils einen Fuß aufstecken und die Kordelenden zweimal um die Beine schlingen.

Nilpferd Nobbi

Beschreibung auf Seite 15.

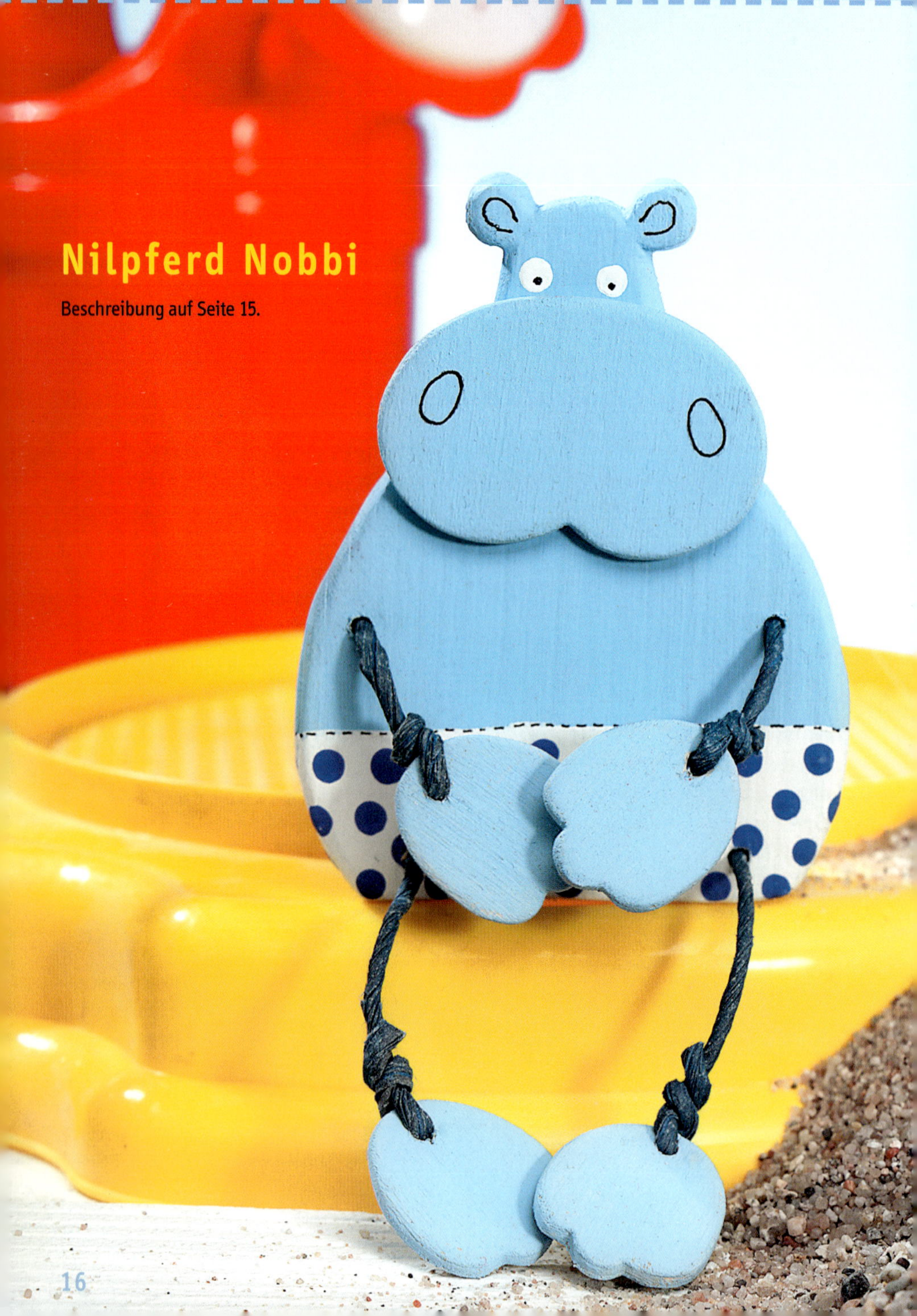

Elch Erwin

→ jenseits von Schweden

MOTIVGRÖSSE
ca. 18 cm

MATERIAL
- Fichtenleimholzplatte, 18 mm dick
- Sperrholz, 3 mm dick (Schnauze, Hufe, Tanne)
- 4 Rohholzperlen, ø 10 mm
- Bastelfarbe in Hautfarbe, Braun, Weiß und Grün
- Paketschnur, ø 2 mm, 2 x 24 cm, 15 cm lang (Halsband)
- Bohrer, ø 2 mm

VORLAGEN-BOGEN 1B

1 Den Elch gemäß der Anleitung auf Seite 3 arbeiten.

2 Die Tanne auffädeln und dem Elch umhängen.

Tino und Rhino, zwei Nashörner

→ ganz friedlich

MOTIVGRÖSSE
ca. 10 cm und 14 cm

MATERIAL
- Fichtenleimholzplatte, 18 mm dick
- Sperrholz, 3 mm dick (Ohren, Herz)
- 4 Rohholzperlen, ø 15 mm
- Bastelfarbe in Weiß und Grau, ggf. Rot
- Baumwollkordel, ø 3 mm, 2 x 20 cm, 6 cm lang
- ggf. Blumendraht, ø 0,65 mm, 15 cm lang (Halsband)
- Bohrer, ggf. ø 1 mm (Herz), ø 3 mm (Schwanz, Beine)

VORLAGEN-BOGEN 2A

1 Die Nashörner nach den Arbeitsschritten auf Seite 3 arbeiten.

2 In die ca. 1,5 cm tiefe Bohrung für den Schwanz die mit einem Knoten versehene Schwanzkordel einkleben.

3 Ggf. das Herz auf Draht ziehen und dem Nashorn um den Hals legen.

Robert, Peter und Heinrich, das gefiederte Trio

→ kesses Geflügel

1 Die Vögel nach der Anleitung auf Seite 3 arbeiten.

2 Bei Robert und Peter nach dem Bemalen die Beinkordel durchziehen. Die Holzperlen und die Füße auffädeln und jeweils mit einem Knoten festhalten.

3 Dann einen Flügel an den Rumpf anlegen und die beiden Enden des Drahtes durch die Bohrungen und auf der Rückseite durch den zweiten Flügel stecken, die Drahtenden miteinander verdrehen und kürzen.

4 Bei Heinrich die Flügel und den Schnabel anleimen. Dann die Beinkordel durch den Rumpf ziehen, die Füße aufstecken, den letzten Zentimeter der Kordel rechtwinklig nach hinten biegen und am Fuß ankleben.

MOTIVGRÖSSEN

Roter Robert: ca. 14 cm

Blauer Peter: ca. 19 cm

Grüner Heinrich: ca. 22 cm

MATERIAL ROTER ROBERT

- Fichtenleimholzplatte, 18 mm dick
- Sperrholz, 3 mm dick (Flügel, Füße)
- 2 Rohholzperlen, ø 12 mm
- Bastelfarbe in Gelb, Rot und Weiß
- Deko-Kordel in Gelb, ø 2 mm, 23 cm lang
- Blumendraht, ø 0,35 mm, 10 cm lang (Flügelbefestigung)
- Bohrer, ø 1 mm (Flügel), ø 2,5 mm (Beine, Füße)

BLAUER PETER

- Fichtenleimholzplatte, 18 mm dick
- Sperrholz, 3 mm dick (Flügel, Füße)
- 4 Rohholzperlen, ø 10 mm
- Bastelfarbe in Blau, Rot, Schwarz und Weiß
- Deko-Kordel in Rot, ø 2 mm, 23 cm lang
- Blumendraht, ø 0,35 mm, 10 cm lang (Flügelbefestigung)
- Bohrer, ø 1 mm (Flügel), ø 2,5 mm (Beine, Füße)

GRÜNER HEINRICH

- Fichtenleimholzplatte, 18 mm dick
- Sperrholz, 3 mm dick (Schnabel, Flügel, Füße)
- Bastelfarbe in Grün, Rot, Gelb und Weiß
- Papierkordel mit Drahteinlage in Gelb, ø 2 mm, 34 cm lang
- Bohrer, ø 2 mm

VORLAGENBOGEN 1B

Kuno und Karlo, die Kater

→ neugierige Samtpfoten

MOTIVHÖHE
ca. 20 cm und 22 cm

MATERIAL

- Fichtenleimholzplatte, 18 mm dick
- Sperrholz, 3 mm dick (Ohren)
- je 4 Rohholzperlen, ø 12 mm, ø 15 mm
- Bastelfarbe in Weiß und Schwarz
- Blumendraht, ø 0,65 mm, 3 x 8 cm lang (Barthaare)
- Deko-Kordel in Schwarz, ø 2 mm, 2 x 22 cm lang
- Bohrer, ø 1 mm (Schnurrharre), ø 2,5 mm

VORLAGENBOGEN 2B

1 Die Kater nach der allgemeinen Anleitung auf Seite 3 arbeiten.

2 Die Löcher für die Barthaare durch die Schnauze bohren, nach dem Bemalen die drei Drähte zur Hälfte durchstecken, die Enden um einen Zahnstocher zur Spirale wickeln, abziehen und dehnen.

er Zauberer von Oz
LYMAN FRANK BAUM
Olga da Polga
ihr bester Fre
Sabine Ludwig

Michel und Mitzi, die Katzen

→ anschmiegsam

MOTIVGRÖSSEN

Michel: ca. 21 cm

Mitzi: ca. 20 cm

MATERIAL MICHEL

- Fichtenleimholzplatte, 18 mm dick
- Sperrholz, 3 mm dick (Schnauze, Pfoten, Maus)
- Rohholzperlen, 6 x ø 10 mm, 5 x ø 12 mm
- Bastelfarbe in Orange, Schwarz, Grün, Weiß und Grau
- Deko-Kordel in Schwarz, ø 2 mm, 24 cm, 36 cm, 13 cm lang
- Blumendraht, ø 0,35 mm, 3 x 7 cm lang (Barthaare)
- Blumendraht, ø 0,65 mm, 4 cm, 12 cm lang (Mäuseschwanz und -kette)
- Bohrer, ø 2,5 mm (Beine, Pfoten), ø 1 mm (Maus)

MITZI

- Fichtenleimholzplatte, 18 mm dick
- Sperrholz, 3 mm dick (Pfoten)
- Rohholzperlen, 6 x ø 10 mm, 5 x ø 12 mm
- Bastelfarbe in Schwarz und Weiß
- Deko-Kordel in Schwarz, ø 2 mm, 24 cm, 36 cm, 13 cm lang
- Bohrer, ø 2,5 mm

VORLAGENBOGEN 2B

1 Die Katzen nach der Anleitung auf Seite 3 arbeiten.

2 Die Strichpunktlinien auf dem Vorlagenbogen markieren die Schulterbohrung, die gepunktete Linie die 1 cm tiefe Bohrung für den Schwanz auf der Rückseite.

3 Bei Michel die Barthaare zwischen Kopf und Schnauze kleben, bei Mitzi wird das Gesicht komplett aufgemalt.

4 Auf den Schwanz Perlen aufziehen und ihn in die Bohrung an der Rückseite kleben.

FitMix
Bonzo FitMix kann jederzeit als

Schlappi und Westi, die Hunde

→ sehr genügsam

MOTIVGRÖSSE
Schlappi: ca. 15 cm
Westi: ca. 16 cm

MATERIAL SCHLAPPI
- Fichtenleimholzplatte, 18 mm dick
- Sperrholz, 3 mm dick (Schnauze, Pfoten, Knochen)
- 4 Rohholzperlen, ø 12 mm
- Bastelfarbe in Ocker, Schwarz und Weiß
- Tonkarton in Rot
- Lederriemen, ø 2 mm, 16 cm, 18 cm lang
- Blumendraht, ø 0,35 mm, 12 cm lang
- Bohrer, ø 2 mm (Beine, Pfoten), ø 1 mm (Knochen)

WESTI
- Fichtenleimholzplatte, 18 mm dick
- Sperrholz, 3 mm dick (Schnauze, Pfoten)
- 4 Rohholzperlen, ø 12 mm
- Bastelfarbe in Weiß und Schwarz
- Tonkarton in Rot
- Baumwollkordel in Weiß, ø 3 mm, 22 cm, 26 cm lang
- Bohrer, ø 3,5 mm

VORLAGENBOGEN 2A

1 Die Hunde nach der Anleitung auf Seite 3 arbeiten.

2 Zwischen Kopf und Schnauze die Tonkartonzunge kleben.

3 Die Pfoten an Westis Beine anknoten, bei Schlappi die Riemenenden in die Pfoten kleben.

4 Den Knochen auf den Draht fädeln und Schlappi umhängen.

Cäsar, der Hase

Beschreibung auf Seite 28.

Cäsar, der Hase

→ nicht nur zu Ostern

MOTIVGRÖSSE
ca. 22 cm

MATERIAL
- Fichtenleimholzplatte, 18 mm dick
- Sperrholz, 7 mm dick (Kopf, Ei, Schwanz)
- 4 Rohholzperlen, ø 15 mm
- matte Holzperlen, ø 8 mm, 8 x in Hellbraun, 4 x in Weiß
- Bastelfarbe in Braun, Weiß und Hellgelb
- Lederriemen in Hellbraun, ø 2 mm, 30 cm, 40 cm lang
- Blumendraht, ø 0,35 mm, 12 cm lang
- Bohrer, ø 2,5 mm, ø 1 mm (Ei)

VORLAGENBOGEN 2B

1 Den Hasen gemäß der Anleitung auf Seite 3 arbeiten.

2 Den Rumpf oberhalb der gepunkteten Linie mit der Feile leicht abschrägen, damit der Kopf geneigt auf dem Körper aufliegt. Dann den bemalten Kopf aufleimen.

3 Zuletzt den weißen Schwanz ankleben und die Kette umhängen.

Die Ente Emil und das Küken Emilie

→ gute Freunde

MOTIVGRÖSSEN
Ente: ca. 21 cm
Küken: ca. 16 cm

MATERIAL
ENTE
- Fichtenleimholzplatte, 18 mm dick
- Sperrholz, 3 mm dick (Schnabel, Flügel, Füße)
- Bastelfarbe in Weiß und Gelb
- Deko-Kordel in Gelb, ø 2 mm, 23 cm lang
- Blumendraht, ø 0,65 mm, 3 x 5 cm lang
- Bohrer, ø 2 mm (Haare), ø 2,5 mm (Beine)

KÜKEN
- Fichtenleimholzplatte, 18 mm dick
- Sperrholz, 3 mm dick (Flügel, Füße)
- 4 Rohholzperlen, ø 10 mm
- Bastelfarbe in Gelb, Rot, Schwarz und Weiß
- Deko-Kordel in Schwarz, ø 2 mm, 23 cm lang
- Bohrer, ø 2,5 mm

VORLAGENBOGEN 2B

Ente

1 Die Ente gemäß der Arbeitsschritte auf Seite 3 arbeiten.

2 Die Bohrung für die Haare ist etwa 2 cm tief.

3 Die Drähte einzeln um einen Rundholzstab zu Spiralen wickeln und in die Kopfbohrung stecken.

Küken

1 Das Küken gemäß der Anleitung auf Seite 3 arbeiten.

2 Die Flügelpunkte (wie auch die Augen) mit einem Holzstäbchen auftupfen.

Rosalie, das Pferd

→ ein Muss für Pferdefreunde

MOTIVGRÖSSE
ca. 14 cm

MATERIAL
- Fichtenleimholzplatte, 18 mm dick
- Sperrholz, 3 mm dick (Kopf, Hufe, Blume)
- 4 Rohholzperlen, ø 12 mm
- Bastelfarbe in Braun, Hellblau, Hautfarbe, Weiß und Gelb
- Lederriemen, ø 2 mm, 20 cm, 21 cm lang
- Blumendraht, ø 0,35 mm, 12 cm lang (Halsband)
- Abacafaserbüschel in Schwarz, 3 cm (Mähne), 7 cm lang (Schweif)
- Bohrer, ø 2,5 mm (Beine, Hufe, Schweif), ø 1 mm (Blüte)

VORLAGENBOGEN 1B

1 Das Pferd gemäß der Anleitung auf Seite 3 arbeiten.

2 Den Rumpf auf der Rückseite für den Schwanz 1 cm tief anbohren (gepunkteter Kreis). Von oben ebenfalls eine Bohrung für die Mähne machen.

3 Damit der Kopf schön geneigt auf dem Körper sitzt, den Hals oberhalb der gestrichelten Linie mit der Feile nach hinten etwas abschrägen. Dann den bemalten Kopf aufleimen.

4 Mähne und Schwanz in die Bohrungen kleben. Die Blume auffädeln und um den Hals hängen.

Lustige Hühnerschar

→ einträchtig vereint

Beschreibung auf Seite 32.

WEITERFÜHRUNG

Lustige Hühnerschar

1 Hühner und Hähne gemäß der Anleitung auf Seite 3 arbeiten.

2 Die Enden der feinen Drähte für die Flügelbefestigung von vorne durch die Bohrungen an Rumpf und Flügel stecken, auf der Rückseite miteinander verdrehen und kürzen.

3 Die Enden des dickeren Beindrahtes von hinten durch die Beinbohrungen stecken, jeweils zwei oder sechs Holzperlen auffädeln, die Füße andrahten und die Drahtenden kürzen.

4 Den Kehllappen und darauf den Schnabel befestigen.

MOTIVGRÖSSEN
ca. 13 cm, 2 x 15 cm, 17 cm

MATERIAL
- Sperrholz, 7 mm dick (Körper)
- Sperrholz, 3 mm dick (Schnabel, Flügel, Füße)
- 4 oder 12 Rohholzperlen, ø 8 mm
- Tonkarton in Rot (Kehllappen)
- Bastelfarbe in Weiß, Rot und Gelb
- Blumendraht, ø 0,65 mm, 11 cm oder 18 cm lang (Beine)
- Blumendraht, ø 0,35 mm, 4 x 8 cm lang (Flügel)
- Bohrer, ø 1 mm

VORLAGENBOGEN 2B

DIESES BUCH ENTHÄLT 2 VORLAGENBOGEN

IMPRESSUM

FOTOS: frechverlag GmbH, 70499 Stuttgart; Fotostudio Ullrich & Co., Renningen
DRUCK: frechdruck GmbH, 70499 Stuttgart

Auflage:	5.	4.	3.	2.	1.	
Jahr:	2007	2006	2005	2004	2003	[Letzte Zahlen maßgebend]

ISBN 3-7724-3230-1
Best.-Nr. 3230